Erinnerungen an das

Panzer-Artillerie-Regiment 91

der 25. Panzer-Division

bearbeitet & herausgegeben von Uwe Kleinert

Rückschau 03

Erinnerungen an das Pz.Art.Rgt. 91 der 25. Panzer-Division

Die gezeigten Texte und Abbildungen dienen ausschließlich zu Zwecken der staatsbürgerlichen Aufklärung, der Abwehr verfassungswidriger und verfassungsfeindlicher Bestrebungen, der Aufklärung oder Berichterstattung über die Vorgänge des Zeitgeschehens oder der militärhistorischen und wissenschaftlichen Forschung (§86 und §86a StGB). Ich distanziere mich hiermit ausdrücklich von rechtsradikaler oder nationalsozialistischer Gesinnung!

Bibliografische Information der Deutschen Nationalbibliothek:

Die Deutsche Nationalbibliothek verzeichnet diese Publikation in der Deutschen Nationalbibliografie; detaillierte bibliografische Daten sind im Internet über dnb.dnb.de abrufbar.

ISBN 9783752820270

Herstellung und Verlag: BoD – Books on Demand, Norderstedt

Erinnerungen an das Pz.Art.Rgt. 91 der 25. Panzer-Division

Erinnerungen an das

Panzer-Artillerie-Regiment 91

der 25. Panzer-Division

Rückschau 03

---

bearbeitet und herausgegeben von Uwe Kleinert

Stand: 02.04.2023

Inhaltsverzeichnis

Dt. Nationalbibliothek + BA/MA

Alle Bände meiner Buchreihen
„Organisationsgeschichte der deutschen
Heeresartillerie im II. Weltkrieg - Artillerie als
Heerestruppe" und „Rückblick" sind in der
Deutschen Nationalbibliothek in den Standorten
Leipzig und Frankfurt/Main hinterlegt und können
dort eingesehen werden.
http://www.dnb.de/DE/Home/home_node.html
(Suchbegriff: Heeresartillerie)

Zudem sind sie gemäß Kleinstauflagenregelung im
Bundesarchiv/Militärarchiv in Freiburg/Breisgau
unter der Signatur „O I b 62 + jeweilige
Bandzählung" hinterlegt und einsehbar.

Das Gesamtset und alle Teilbände sind in der
Bibliothek der Gesellschaft für Artilleriekunde e.V. in
Idar-Oberstein für Mitglieder einsehbar.

Vorwort

In Sammlerhand befindliche Informationen in Form von kompletten Nachlässen oder auch vereinzelte Fragmente z.B. als Erinnerungsberichte sind für die kriegsgeschichtlich interessierte Allgemeinheit verloren, wenn diese nicht bearbeitet und veröffentlicht werden.

Deshalb ist es mir ein Anliegen, diese in meinem Bestand vorhandenen Tagebücher, Erinnerungen und Dokumente zu bearbeiten und herauszugeben unter dem Projektnamen „Rückschau".

Diese Bücher sollen dem Andenken an die Kriegsgeneration dienen.

In „Rückschau Band 3" möchte ich 2 kleine Erlebnisberichte junger Soldaten des Panzer-Artillerie-Regimentes 91 veröffentlichen.

Dieses Buch ist keine Divisionschronik – als solche empfehle ich „Stoves, Rolf – Die 22., 25., 27. Panzer-Division und die 233. Reserve-Panzer-Division (Podzun-Pallas, 1985)".

Uwe Kleinert – Pfaffenhofen a.d.Ilm – April 2023

Buchreihe „Rückschau"

Bisher erschienen:

Rückschau 01: „Zwischen Krieg und Frieden"

Zwei Spandauer im Krieg 1942 – 1945

200 Seiten

Uwe Kleinert (Hrsg.)

Zwischen Krieg und Frieden

Teil 1:
Mit 16 bei der schweren Flak in Berlin, mit 17 bei der Artillerie an der Oderfront und im Kessel von Halbe

Teil 2:
Erinnerungen an das Lager 3/10 des RAD weibliche Jugend in Ostpreußen 1942/1943

Rückschau 02:

„Abriss der Geschichte des Pionier-Bataillons 88 der 46. Infanterie-Division"

128 Seiten

Bericht Günter Eggert

Günther E g g e r t

Erkennungsmarke: Stbttr. s.A.E.A. 62 -424
Blutgruppe: A
Gasmaskengrösse: 2
Wehrnummer-Oberhausen 24/1/56/6
Grösse 1,9o
schmal, schlank, blond, Augen blau
Narbe am linken Handgelenk.

Zuletzt zuständige Wehrersatzdienststelle: W.M.A. Oberhausen

Feldtruppenteil: s.Art.Ausb.Abt.(mot) 62 Nachr.Staffel
                  Pz.Art.Abt.91 Stabsbattr.
                  II/ Pz.Art.Rgt.91
                  Pz.Art.Rgt.91 5.Battr.

Ersatztruppenteil: Dortmund, Lingen-Ems, Wuppertal, Detmold,
                   Dortmund, Hamm.

I m p f u n g e n :
Pocken mit Erfolg: 26.11.42.   und   8.7.1945
Typhus, Paratyphus: 12.11.42.= 1.o
                    26.11.42 = 1.o
                    28.1o.43 = 1.o
Ruhr: 16.7.43 = o.5 Asid
      24.7.43 = 1.o   "
       8.7.44 = 1.o·
      25.7.44 = 1.o
Cholera: 21.12.42 = o.5
          4. 3.43 = 1.o
         12.3.43 = 1.o
         28.1o.43 = 1.o

Krankheit: 29.6.-9.7.43 Angina (3)
Urlaub:
Oslo 18 Tage und 3 Reisetage, Inmarschsetzung 1o.5.1943
Sonderurlaub/ Freifahrt   gez.: Güntzel

Frankreich: 5 Tage Sonderurlaub und 2 Reisetage 3.1o.43
                                   gez.: Wortmann

Russland: 2o Tage und 4 Reisetage nach Überschreiten der
          Reichsgrenze, Erholungsurlaub/ Freifahrt
          21.4.1944, Inmarschsetzung am 21.4.1944
                                   gez.: Höring

1942:

Am 02.03.1942 Einziehung zur RAD-Abt. 2/312 – Wörth I - Kreis Germersheim / Pfalz

3 Wochen Grundausbildung, Ordnungsübungen

4. Woche Gewehrausbildung, MG-Ausbildung.

5. April, Radfahrt in voller Ausrüstung (60 km).

Am 8. April abends 19.30 Uhr ins Städtische Hilfskrankenhaus Karlsruhe, Adlerstraße 25 - zur Beobachtung - Herz - für 6 Tage.

13. Mai Einlieferung ins Städtische Krankenhaus Karlsruhe Medizinische-Abteilung 21

Angina, 40 Grad Temperatur.

15. Mai Meine Abteilung rückt zum Einsatz nach Russland aus. (Fahrradabteilung)

4. Juni Entlassung aus dem Krankenhaus, zurück zum Lage/ Pfalz.

Auf Antrag an den General des Arbeitsdienstgaues XXXI Karlsruhe wird ein 7-tägiger Urlaub gewährt.

Abfahrt am 28.06. ab Karlsruhe (415 km) Rückfahrt am 4. Juli.

05.07. versetzt vom Lager Edesheim zum Lager Dreihof
(6 km von Landau).

14.07.42 Entlassung aus dem RAD. Entlassungsgrund:
dienstunfähig

15.07.42 Um 8.00 Uhr Ankunft in Oberhausen-Rheinland

Reichsarbeitsdienst-Entlassungsschein

Der / ~~xxx~~ Arbeitsmann   Günter E g g e r t
(Dienstgrad)   (Vor- und Familienname)

g.b. am 11.6.24   in Oberhausen (Rhld)
(Tag, Mon., Jahr)   (Ort, Bezirk, Kreis)

war von 2.3.42 bis 14.7.42 Angehörige(r) des Reichsarbeitsdienstes
~~xxxxxxxxxxxxxxxxxxxxxxxxxxxxxxxxxxxxxxxxxxxxxxxxxxxxxxxxxx~~.

Er / ~~xxx~~ wurde am 14.7.42   nach Oberhausen (Rhld) Falkensteinstr.12
(Tag, Mon.Jahr)   (Wohnort, Strasse, Hausnr., Kreis)
~~xxxxxxxxxxxxxxxxxxxxxxxxxxxxxxxxx~~ entlassen +).

Er / ~~xxx~~ hat am Entlassungstage erhalten +)

a) den Wehrpass/~~xxxxxxxxxxxxxxxxxxx~~ wird nachgesandt
(sonstige Entlassungspapiere)

b) Taschengeld ausgezahlt bis einschl. 14.7.42

c) Wehrsold bis einschl.

in Höhe von RM. ----   monatlich,

d) Verpflegungsgeld bis einschl. --

e) Naturalverpflegung bzw. Lebensmittel-(Urlauber-)
Karten bis einschl. 14.7.42

f) leihweise Marschnahrung, bestehend aus

g) Entlassungsgeld im Betrage von ----   RM.

h) Reise bis 30.6.42
i) Kurzperlaub bis 31.7.42

Anerkannt:

Karlsruhe, den 14.Juli 1942
(Ort, Tag, Monat, Jahr)

Dienststempel

Günter Eggert
(Unterschrift d. Empfängers)

Reichsarbeitsdienst Wachabtlg. 31
(RAD. - Dienststelle)

Ostfm.
(Unterschrift, Dienstgr.Dienststg.)

+) Nichtzutreffendes ist zu streichen.
++) Gilt nur für den Reichsarbeitsdienst der
weiblichen Jugend (siehe Anmerkung Rücks.)

Reichsarbeitsdienst-Entlassungsschein
================================

Der / ~~xxx~~ Arbeitsmann   Günter E g g e r t
          (Dienstgrad)   (Vor- und Familienname)

g.b. am   11.6.24   in   Oberhausen (Rhld)
          (Tag,Mon.,Jahr)   (Ort, Bezirk, Kreis)

war von   2.3.42   bis   14.7.42   ~~zugehörige(r)~~ des Reichsarbeitsdienstes
~~xxxxxxxxxxxxxxxxxxxxxxxxxxxxxxxxxxxxxxxxxxx~~.

Er / ~~xxx~~ wurde am   14.7.42   nach Oberhausen (Rhld) Falkenste instr.12
          (Tag, Mon.Jahr)   (Wohnort, Strasse, Hausnr., Kreis)
~~xxxxxxxxxxxxxxxxxxxxxxxxxxxxxxxx~~ entlassen +).

Er / ~~xxx~~ hat an Entlassungstage erhalten +)
a) den Wehrpass/~~xxxxxxxxxxxxxxxxxxxxx~~   wird nachgesendt
                                        (Sonstige Entlassungspapiere)
b) Taschengeld ausgezahlt bis einschl.   14.7.42
c) Wehrsold bis einschl.   monatlich,
   in Höhe von RM.
d) Verpflegungsgeld bis einschl.
e) Naturalverpflegung bzw. Lebensmittel-(Urlauber--)
   Karten bis einschl.   14.7.42
f) leihweise: Marschanzug, bestehend aus

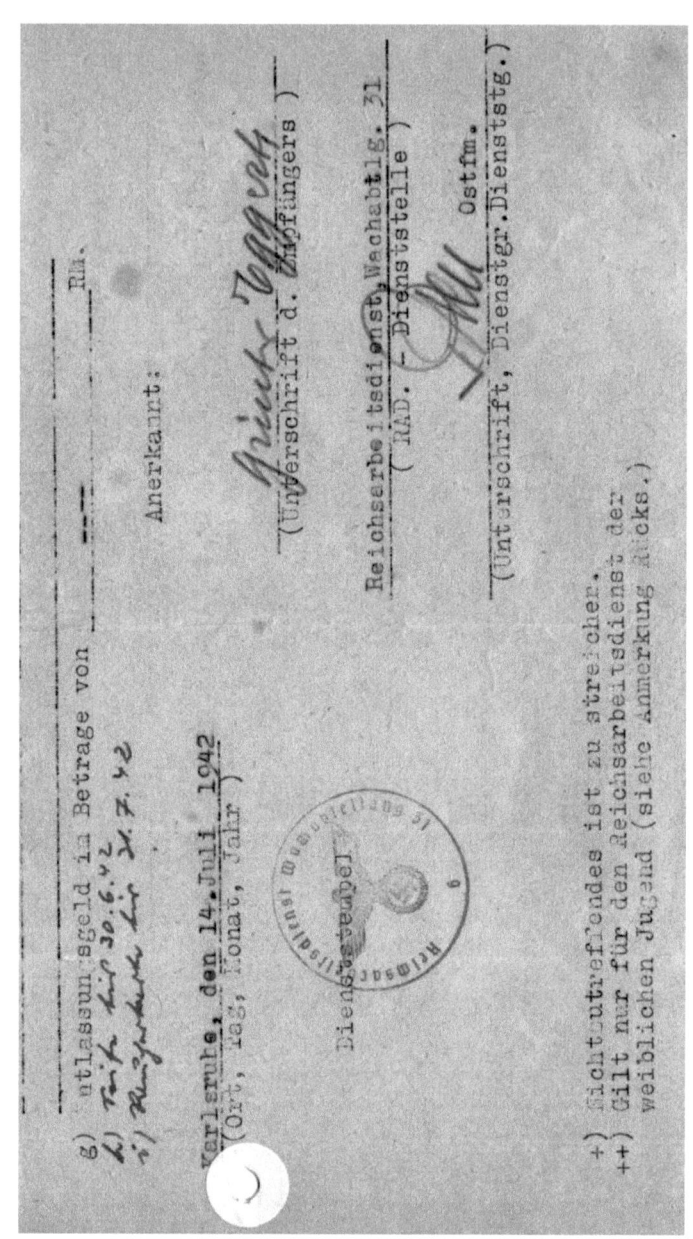

g) Entlassungsgeld in Betrage von _____ RM.
h) _____
i) _____

Anerkannt:

_____
(Unterschrift d. ...fingers)

Karlsruhe, den 14. Juli 1942
(Ort, Tag, Monat, Jahr)

Dienststempel

Reichsarbeitsdienst, Wechselabtlg. 31
(RAD. - Dienststelle)

Ostfm.

_____
(Unterschrift, Dienstgr.Dienststg.)

+) Nichtzutreffendes ist zu streichen.
++) Gilt nur für den Reichsarbeitsdienst der weiblichen Jugend (siehe Anmerkung Rücks.)

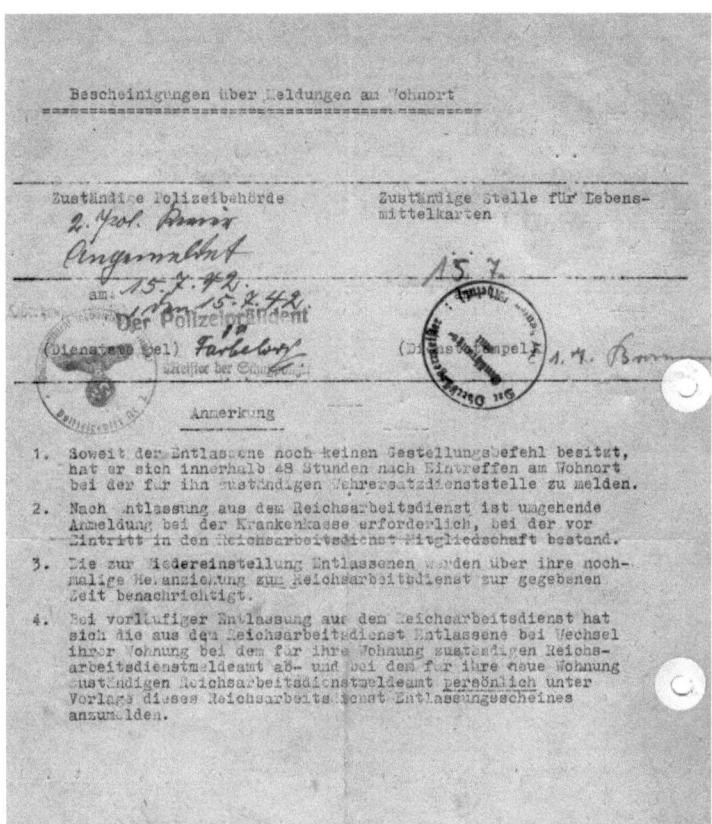

Bescheinigungen über Meldungen am Wohnort
===

Zuständige Polizeibehörde

2. Pol. Revier

Angemeldet

am: 15.7.42

von 15.2.42

(Dienstsiegel) Farberweg

Der Polizeipräsident

Leiter der Streife

Zuständige Stelle für Lebens-
mittelkarten

15. 7.

(Dienststempel) 1. 7. Bm

Anmerkung

1. Soweit der Entlassene noch keinen Gestellungsbefehl besitzt,
   hat er sich innerhalb 48 Stunden nach Eintreffen am Wohnort
   bei der für ihn zuständigen Wehrersatzdienststelle zu melden.

2. Nach Entlassung aus dem Reichsarbeitsdienst ist umgehende
   Anmeldung bei der Krankenkasse erforderlich, bei der vor
   Eintritt in den Reichsarbeitsdienst Mitgliedschaft bestand.

3. Die zur Wiedereinstellung Entlassenen werden über ihre noch-
   malige Heranziehung zum Reichsarbeitsdienst zur gegebenen
   Zeit benachrichtigt.

4. Bei vorläufiger Entlassung aus dem Reichsarbeitsdienst hat
   sich die aus dem Reichsarbeitsdienst Entlassene bei Wechsel
   ihrer Wohnung bei dem für ihre Wohnung zuständigen Reichsarbeitsdienstmeldeamt ab- und bei dem für ihre neue Wohnung
   zuständigen Reichsarbeitsdienstmeldeamt persönlich unter
   Vorlage dieses Reichsarbeitsdienst Entlassungsscheines
   anzumelden.

Anmerkung

1. Soweit der Entlassene noch keinen Gestellungsbefehl besitzt,
hat er sich innerhalb 48 Stunden nach Eintreffen am Wohnort
bei der für ihn zuständigen Wehrersatzdienststelle zu melden.

2. Nach Entlassung aus dem Reichsarbeitsdienst ist umgehende
Anmeldung bei der Krankenkasse erforderlich, bei der der vor
Eintritt in den Reichsarbeitsdienst Mitgliedschaft bestand.

3. Die zur Wiedereinstellung Entlassenen werden über ihre noch-
malige Heranziehung zum Reichsarbeitsdienst zur gegebenen
Zeit benachrichtigt.

4. Bei vorläufiger Entlassung aus dem Reichsarbeitsdienst hat
sich die aus dem Reichsarbeitsdienst Entlassene bei Wechsel
ihrer Wohnung bei dem für ihre Wohnung zuständigen Reichsarbeitsdienstmeldeamt ab- und bei dem für ihre neue Wohnung
zuständigen Reichsarbeitsdienstmeldeamt persönlich unter
Vorlage dieses Reichsarbeitsdienst-Entlassungsscheines
anzumelden.

Am 04.11.1942 Einziehung zur: schweren Artillerie-
Ersatz-Abteilung (mot.) 62 (s.A.A.E.A. mot. 62)
in Dortmund – Westfalendamm zur Nachrichtenstaffel.

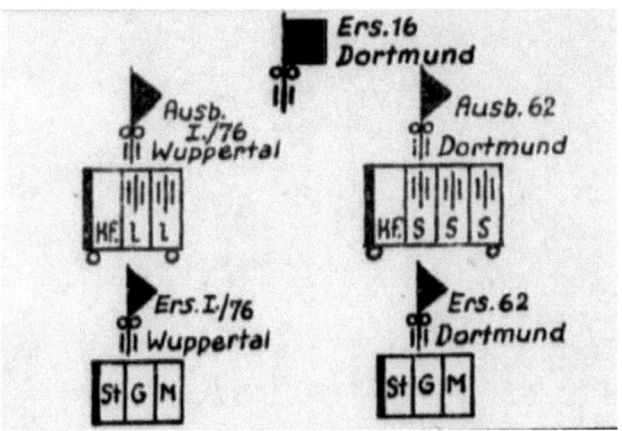

Die schweren Artillerie-Ersatz-Abteilung (mot.) 62
unterstand dem Artillerie-Ersatz-Regiment (mot.) 16 mit
Standort in Dortmund (Wehrkreis VI).

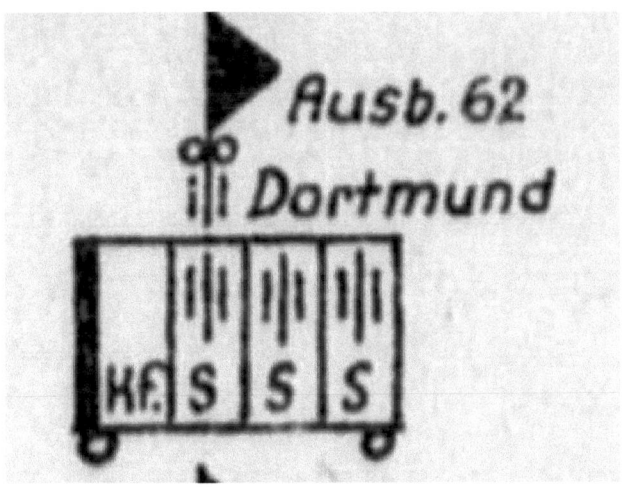

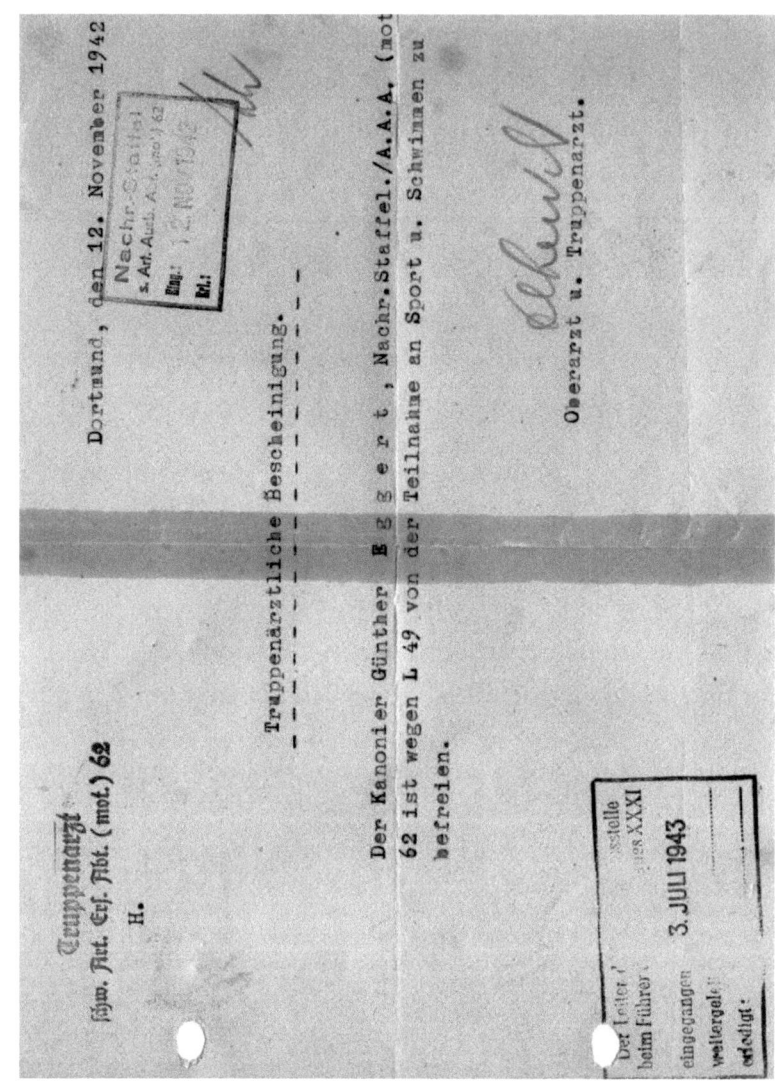

Truppenarzt
lſzw. Aut. Erſ. Abt. (mot.) 62
H.

Dortmund, den 12. November 1942

Nachr.Staffel
s. Art. Ausb. Art. (mot.) 62
Eing.: 1 2. Nov 1942
Bl.:

Truppenärztliche Bescheinigung.
— — — — — — — — — — — — —

Der Kanonier Günther E g g e r t , Nachr.Staffel./A.A.A. (mot
62 ist wegen L 49 von der Teilnahme an Sport u. Schwimmen zu
befreien.

Oberarzt u. Truppenarzt.

Der Leiter /
beim Führer
eingegangen
weitergeleitet
erledigt :

stelle
en XXXI

3. JULI 1943

Volle 6 Wochen Grundausbildung als Funker, vom 04.11. - 19.12.1942

Vereidigung am 14. November 1942

Erreichtes Hörtempo: 45

Abgestellt von Dortmund zur Feldtruppe am Samstag, den 19.12., innerhalb von 3 Stunden.

Abfahrt nach vollständiger Einkleidung, Winterausrüstung, abends um 18.30 Uhr nach Iserlohn.

Dort Aufenthalt in der Argonner-Kaserne bis zum 23.12.1942.

Täglich ab 17.00 Uhr Ausgang. Mutter und Ulla besuchen mich dort am 21.12.1942.

Ausrücken zur Feldtruppe, 23.12.1942, morgens 10.00 Uhr ab Iserlohn: Waggon 39 belegt mit 36 Mann

Abfahrt 11.00 Uhr

Fahrtstrecke: Hamm, Gütersloh, Bielefeld, Hannover, Stendal

Am 1. Weihnachtstag 08.00 Uhr in Berlin.

Ankunft in Stettin am 24.12.1942 um 14.30 Uhr, Unterkunft in der Grenadier-Kaserne

Am 2. Weihnachtstag 2 ½ Stunden Fußdienst.

Abfahrt mit Schiff "Neidenfels" im Geleitzug am 27.12. morgens 11.30 Uhr.

Schiff "Neidenfels": Motorboot, 7900 t, 16 Seemeilen, Baujahr 1939, 3 Motore à 7 Zylinder (für Licht, Pumpe usw.)

Schiffsantrieb: 2 Dieselmotore - 6 Zylinder je 34.000 PS.

Fahrt durch den Skagerrak.

In der Nacht zum 31.12.1942 im Hafen von Oslo eingelaufen und festgemacht.

1943

Am 01.01.1943 norwegischen Boden betreten.

Unterkunft in Rosenhofschule, erster Schnee.

Abfahrt am 01.01.43 um 13.00 Uhr - Ankunft in Honefoss um 16.30 Uhr

7 km Marsch zum Lager Süd Helgolandsmoen

Meine erste Feldpostnummer ist: 46 856 (*Batterie Oslo der 25. Panzer-Division, dann Batterie 91, dann 2. Batterie Artillerie-Abteilung 91*)

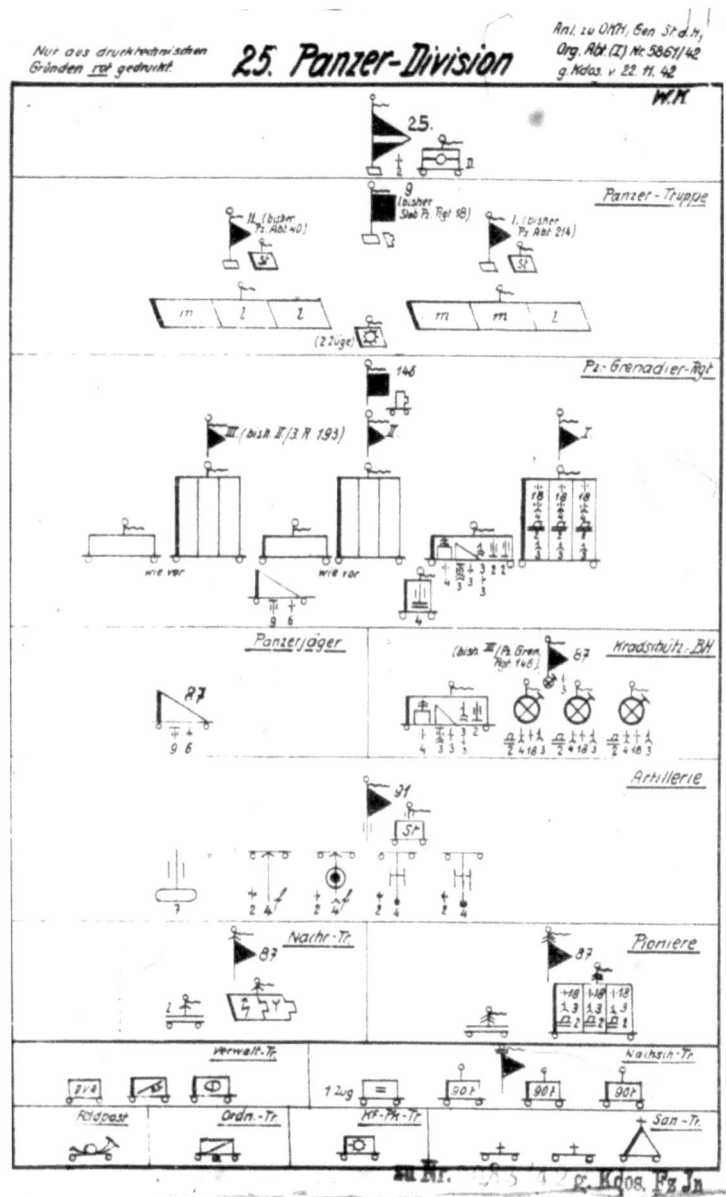

~ 21 ~ Erinnerungen an das Pz.Art.Rgt. 91 der 25. Panzer-Division

Am 02.01.1943 eingeteilt zur Ausbildungsbatterie.

Am 06.01.1943 Besuch des Generals von Schell: Es ist der besondere Wille des Führers, dass die 25. Panzer-Division zu einer schlagkräftigen Waffe ausgebaut wird.

Am 12. Januar abends Maskenball.

Am 19. Januar abends Maskenball.

In der Nacht zum 24.01. Fliegeralarm. Fallschirmtruppen werden gemeldet. Von 23.30 Uhr bis 02.00 Uhr in voller Ausrüstung.

Am 22.02. im Nordfjord auf dem Eis Pappziele aufgebaut. Lt. Cords ins Eis eingebrochen. Bis 22.00 Uhr gesucht.

Am 23.02. Scharfschießen, Schul- und Belehrungsschießen. 10,5 cm und 15 cm Granaten.

Am 25.02. Abstellungsgesuch zu Propaganda-Kompanie "aus dienstlichen Gründen" abgelehnt.

Am 13.03. und 14.03. zum ersten Mal freier Besuch in Oslo. Deutsches Theater: „Meine Schwester und Ich".

Am 10.03. beteiligte ich mich mit drei Bildern am Wettbewerb für die Ausstellung der deutschen Soldaten in Norwegen.

Am 28.01. Untersuchung im Kriegslazarett Oslo (Sinsen).

Befund: Mundhöhle: unauffällig

Halsorgane: keine Drüsenschwellung

Brustorgane: leises, accindentelles, systolisches Spitzengeräusch, keine basalen Accentuationen.

EKG: normal

Röntgenologisch: Herz und Lunge - Ohne Befund.

Urteil: Vasimotoriker, sonst intern Ohne Befund. Ein organisches Herzleiden liegt nicht vor. Durch systematisches Training zu ertüchtigen. Keine Einschränkung der Dienstfähigkeit.

gez.: Stabsarzt Doz. Dr. Weicker

Am 12. und 13.02. Besichtigung

Ergebnis: lobenswert - alle Erwartungen übertroffen

Am 15.02.1943 aufgeteilt zu den Funkern der Stabsbatterie.

Neue Feldpostnummer: 46 856 A (Stabs-Batterie Artillerie-Abteilung 91)

Am 20.02. Film in Honefoss: 3 glade lakser (norwegisch)

Am 23.03. Film von Muthmann bekommen.

Am 31.03.1943 Bunter Nachmittag - Lager Nord - Honefoss, Kapelle Heinz Wehner, Charlotte Löw, Ludwig Bernauer, Jenny Even, Heinz Schröder.

Am 27.03. Angriff auf Oberhausen.

Am 03.04. und 04.04. nach Oslo. Theater: Carmen

Besuch zum Holmenkollen.

Am 17.04.1943 Telegramm von zu Hause: Bombenschaden, erbitte Urlaub, Mutter.

Am 21.04. und 22.04. nach Oslo, Besorgungen für Herrn Hauptmann Hevecke. Irrfahrt nach Brandbu.

Ostern 1943: 1 Flasche Wein, 2 ½ Tafeln Schokolade, Zigaretten, Tabak und Zigarren.

Am 29.05. abends 22.00 Uhr Telegramm: Erneut schwer bombengeschädigt, erbitte Urlaub, Mutter.

Telegramm seit dem 29.05. mittags 15.30 Uhr unterwegs.

Am 10. Mai nach Oslo.

Am 11. Mai morgens 11.00 Uhr Fliegerschadenurlaub - 18 Tage und 3 Tage für die Reise ab Reichsgrenze.

Am 29.05. - 30.05. Umzug der Abteilung Arnes am Glomma, 59 km von Oslo.

Abfahrt ab Lager Honefoss, Montag 14.00 Uhr mit Lkw. bis Bahnhof Honefoss. 14.15 Uhr mit Zug nach Oslo, dort Ankunft 18.45 Uhr.

Abfahrt ab Oslo am 11.05. morgens 11.00 Uhr SFR. Urlauberrampe

Fredrikstad	13.00 Uhr
Sarpsborg	13.25 Uhr
Kornsjo	15.00 Uhr

an der schwedischen Grenze:

Mellerud	16.50 Uhr
Nygard	18.45 Uhr
Nodinge	19.05 Uhr
Bohus	19.10 Uhr
Göteborg	19.30 Uhr
Kungsbaca	20.25 Uhr

Asa   20.45 Uhr

Frillesas   20.50 Uhr

Varberg   21.15 Uhr

Tvaaker   21.30 Uhr

Harplinge   22.35 Uhr

Halmstad   23.05 Uhr

Helsingborg an der Fähre 01.15 Uhr

12. Mai - 1.Überfahrt - von 02.00 - 02.20 Uhr

Abfahrt mit Zug 04.00 Uhr ab Helsingor

Norreport   04.50 Uhr

Ringsted   06.15 Uhr

Lundby   07.10 Uhr

Vordingborg   07.25 Uhr

 (lange Brücke)

Tingsted   07.50 Uhr

Nykobing   08.00 Uhr

Gedser   08.30 Uhr

mit Fähre weiter um 09.30 Uhr

Ankunft in Warnemünde um 11.45 Uhr

Abfahrt mit SFR um 09.30 Uhr

nach Güstrow 13.00 Uhr – Rostock: Ankunft 14.05 Uhr.

Abfahrt mit SFR 15.30 Uhr nach Hannover über Schwerin, Ülzen.

Ankunft in Hannover um 21.15 Uhr. Abfahrt nach Oberhausen um 23.40 Uhr. Ankunft in Mühlheim um 05.00 Uhr am 13. Mai.

Ankunft in Oberhausen um 05.45 Uhr.

Rückfahrt von Oberhausen abends 18.30 Uhr am 01.06.

Ankunft in Arnes am 03.06. abends 22.30 Uhr.

Am 04.06. freiwilliger PK-Antrag durch Oblt. Herrmann nach Oslo weitergeleitet.

Am 15.06. Angriff auf Oberhausen.

Am 22.06.1943 erneuter Angriff auf Oberhausen.

92 Abschüsse (75 viermotorige Bomber).

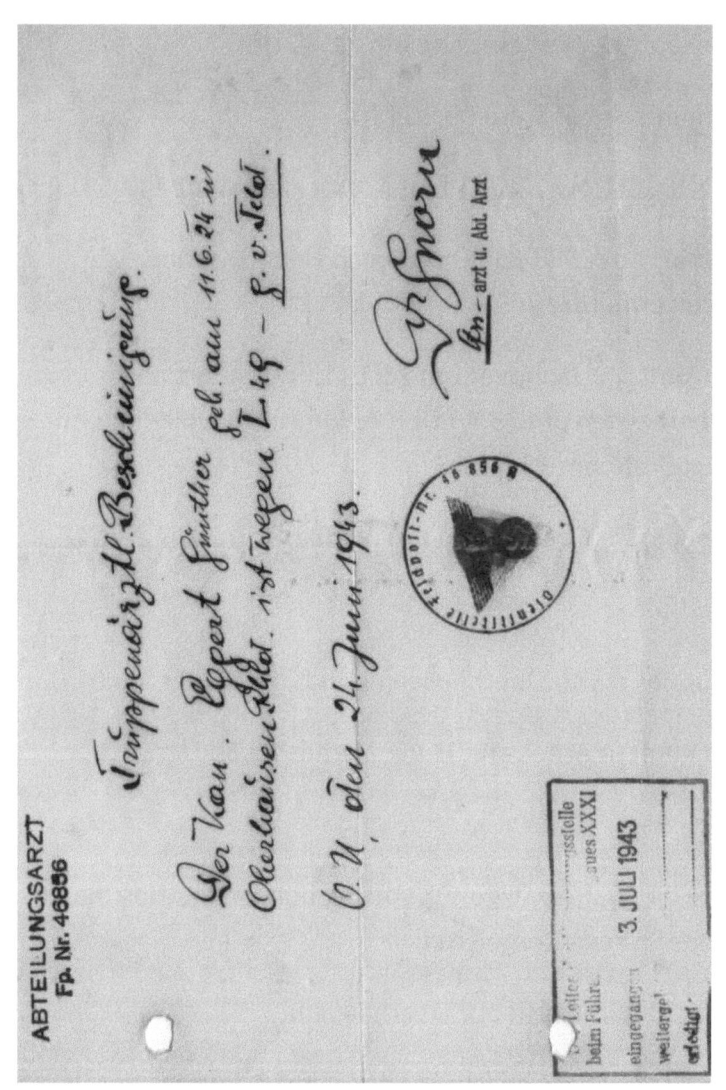

Vom 29.06. - 09.07.1943 wegen Angina lakunares ins Ortslazarett Arnes.

Am 12.06. und 13.06. nach Oslo, ab um 06.30 Uhr, an um 08.30 Uhr, auf dem Eckeberg, Heldenfriedhof.

07.07. Beförderung zum Gefreiten.

Am 17.07. und 18.07. nach Oslo.

Am 13.08. Dienstreise nach Oslo.

Am 15.08. Kameradschaftsabend in Sundby bei Trandum.

Am 23.08.1943 Vorbereitungen zum Abmarsch aus Norwegen.

Am 25.08. nachts 02.15 Uhr Abfahrt mit Fahrzeugen ab Lager Arnes. Ankunft in Oslo um 06.00 Uhr am 26.08. (Donnerstag).

Verladen sämtlicher Ausrüstung auf Schiff "Isar", 10.000 BRT. (Bremen). Abfahrt mit Schiff aus dem Hafen Oslo am 23.08.1943 um 21.30 Uhr. Fahrt im Geleit, 8 Transporter.

Ankunft in Kopenhagen am 28.08. um 11.00 Uhr morgens, entladen.

Abends Vorbeimarsch, Vorbeifahrt in Kopenhagen.

Nachts angeblich "Regierungsübernahme" in Dänemark. Um 03.00 Uhr nachts am 29.08. mit Einsatztrupp zur Mühle. Verleben dort einige ziemlich sättigende Stunden.

Abfahrt ab Kopenhagen am 31.08. mit Kfz. Verladen auf Eisenbahn. Abfahrt 21.15 Uhr. In Gedser entladen. Am 01.09. um 06.30 Uhr morgens mit Fähre nach Warnemünde. Fahrtdauer 2 Stunden. In Warnemünde verladen auf Eisenbahn. Abfahrt 17.00 Uhr.

Rostock, Hamburg-Harburg, Bremen, Osnabrück (21.00 Uhr), Rheine, Oldanzaalen (Holland), 15.45 Uhr Amsterdam. Belgien: Quatrecht, Melle, Gent, am 03.09. um 09.15 Uhr Fliegeralarm, Fliegerwache.

Marcke, Tourcoing, Arras, St. Pol. Ankunft dort am 03.09.1943.

Von 18.30 Uhr bis nachts 02.00 Uhr ausladen. In einem naheliegenden Dorf im Stroh übernachtet.

Am 04.09.1943 Ankunft in unserem Bestimmungsort Barly. Unterkunft im alt. franz. Schloss, Privatquartier.

Am 21.09.1943 Beginn meiner Fahrschule.

21.09. - Arras

22.09. - Arras

23.09. - Arras - St. Pol

24.09. - Arras - Doullens - Arras

25.09. - Doullens - Beauville - Arras

26.09. - Avesnes - Arras

27.09. - Avesnes - Arras

28.09. - Arras, Arras, Doullens, Arras

29.09. - Arras, Arras, Doullens, Arras

30.09. - Fosseux

Am 30.09. Telegramm: Großvater gestorben, Beerdigung Freitag, Anwesenheit wegen Nachlassenschaft erforderlich, Mutter.

Ich reiche Urlaubsgesuch ein.

Am 01.10.1943 Fahrprüfung Führerschein Klasse 2 und 3

Arras - Douai - Arras

Mündliche Prüfung anschließend. Prüfung bestanden!

Sonderurlaub 5 Tage und 2 Reisetage genehmigt. Ich fahre Sonntagabend mit Kurier nach St. Pol am 03. Oktober. Vergesse meinen Karabiner im Kurierfahrzeug. Wird mir nachgebracht.

Ab St. Pol am 04.10. morgens 06.00 Uhr, Lille umsteigen, Brüssel umsteigen, Maastricht aussteigen. Untersuchung (Frei von ansteckenden Krankheiten einschließlich Krätzmilben).

Ankunft in Oberhausen nachts 04. zum 05.10.1943.

Rückfahrt nach dem Westen am 11.10.1943 abends 18.00 Uhr. 00.42 Uhr in Maastricht. Aussteigen - warten!

04.25 Uhr Brüssel an

07.45 Uhr Brüssel ab

11.25 Uhr Lille an

12.10 Uhr Lille ab

14.20 Uhr Arras an

Mit San.-Kfz. zur Einheit.

22.00 Uhr "zu Hause", der Dienst geht weiter.

Am 13.10. bekomme ich meinen Führerschein Klasse 2 und 3 und meinen ersten Wagen, ein kleiner Volkswagen.

Nach Rückkehr aus dem Urlaub Beginn der Ausbildung als Rechnungsführer, Vereidigung. Übernahme stellv. die Bekleidungskammer.

28./29.10.1943 Ausgabe Winterbekleidung - Ostanzug

Abmarsch zum Osten!

Am 30.10.1943 Abfahrt von Barly-Chateau nach Roeux, 10 km von Arras, mit Kfz., nachts verladen, bleibe wegen Halsentzündung im Wagen.

Am 30.10. morgens um 09.00 Uhr Abfahrt mit Eisenbahn, Aufenthalt im Volkswagen. Stationen: Roeux, Douai, Somain, Cambrai, St. Quentin, Laon, Reims, Chalons.

01.11. um 06.00 Uhr morgens: Par le Duc, Lerouville, Nancy, Blainville, um 14.00 Uhr die deutsch-franz. Grenze bei Elfringen passiert, Saarwerden, Saaralben, Bad Homburg, Bad Münster a. St., Hanau am Rhein, Nauhof (Fulda), Fulda.

02.11. um 15.30 Uhr Eisenach, Gotha, 18.00 Uhr Erfurt, Weimar, Leipzig, Falk, Cottbus,

03.11. um 06.00 Uhr morgens: Guben, Rothenburg,
10.00 Uhr Grenze passiert, Eichenhorst, Buchenstadt,
12.00 Uhr Posen,

04.11. Zyczyn, 10.00 Uhr Deblin, Wieprc, Klementowice,
12.00 Uhr Lublin, 18.00 Uhr Cholm,

05.11. um 06.00 Uhr Dobudo, Rowno, Rivin,
Schepetowka, Polonne, Miropol, Kasatin - ausladen
abends, nachts

Aufenthalt in Stützpunkt II, warten auf Kfz., Einheit rückt
ab zur Front, Ablösung am 03. Dezember - ich fahre nach
Popelnja.

20. und 21.12.1943 Partisanenjagd - 15 km hinter
Woliza. Absturz mit Lkw. von Straßenböschung - Schulter
und Rippenprellung.

24.12.1943 Oblt. Herrmann und Kan. Wagner (Jüngster
der Batterie) gefallen. Die ersten Opfer in der Batterie.

Feind greift an. - Beginn der russischen Winteroffensive-
Ukraine.

1. Weihnachtstag: "Rückfahrt" aus Popelnia mit Steyr
Richtung Kasatin. Rest der Abt. 3 Geschütze. - 26.12.

Skwira. 27.12. Ruchin. 28.12. Kasatin. Rückzug aus Kasatin morgens 08.00 Uhr. Am 29.12. Richtung Winniza. Quartier 11 km vor Winniza. 30.12. Meldung bei Div.-Sammelkopf 10 km vor Winniza.

31.12. Quartier 10 km hinter Winniza

1944

Ab 03.01.1944 in Feuerstellung - abends mit Steyr zur B-Stelle.

Am 05.01. mittags Gott sei Dank Ablösung, im Pakbeschuss zurück zur Feuerstellung.

10.01. abends 18.00 Uhr - der Russe greift an unserem Abschnitt an. 23.30 Uhr Angriff abgewiesen.

12.01. Stellungswechsel - Feldstellung.

19./20./21. Januar B.-Stelle. 22.01. zum Tross.

Vom 30.01. bis 22.02. zur B.-Stelle in Molotkowzy, südlich Berditschew. Am 24.02. zum Tross 1. Batterie nach Sofiowka.

Am 25.02. Tross Stab nach Janoff, 14 km von Kalinowka.

Am 27.02. Sonntag zurück nach Sofiowka. Von dort aus nach Shigaliwka. 03.03. Kalinowka. Am 04.03. ab Kalinowka nach Sobolewka. Am 05.03. in Stellung. Am 10.03. Angriff auf Kordilivka, der Russe stößt weiter vor. Am 11.03. nach Michalowka, Quartier.

Infanterie - Die Krone aller Waffen.

Am 12.03. werde ich wegen durchgelaufener Füße zurückgeschickt.

12.03. Winniza, Quartier.

13.03. nach Lithin, Krankensammelstelle.

14.03. mit Volkswagen nach Winniza zurück. Einheit ist in der Nacht von Winniza abgerückt. Ich fahre um und schlage mich trotz unheimlich verstopfter Straßen durch.

Komme am 16.03. in Soberouka an. Treffe meine Einheit teilweise wieder. Bleiben mehrere Tage ohne jede Verpflegung.

Abmarsch ab Soberouka, Richtung Bar. Stoßen dort auf unsere Fahrzeuge. Kfz. Gesprengt. Fußmarsch aus dem Kessel Winniza-Lithin-Bar. Passieren die Dörfer Winkowce, Sinkow.

Am 27.03. mittags in Dunajewce (Rollbahn nach Kamenez-Podolsk).

Am 29.03. Shatawa, - Feind hat Kamenz-Podolsk besetzt. Rollbahn soll freigekämpft werden.

Am 30.03. Ciquiz am Fluss "Smotrech". Kamenz-Podolsk ist von uns eingeschlossen, der Russe sitzt noch in Teilen der Stadt. Wir umgehen die Stadt.

Am 31.03. abends am Dnjestr. Wir gehen am Dnjestr entlang. Verwundung an der rechten Ferse.

02.04. Sonntagsspaziergang bei sibirischer Kälte im Schneesturm des Ostens.

03.04. Mielnica.

04.04. Szubarca.

Ostern 1944, Ostersonntag Quartier in Sapowce.

Ostermontag Quartier in Slobudka bis 13.04., Aufenthalt bei Versprengtensammelstelle. 16.00 Uhr Czortkokow / Galizien.

14.04. Jazlowiec / 5 km weiter nach Westen, finden wir in einem kleinen Ort die Aufzeichnung - Pz.Art.Rgt.91.

Am 15.04. morgens 06.00 Uhr Buczacz.

Sonntag, den 16.04. Versprengtensammelstelle Buczacz.

Bleiben im Quartier wegen Magenbeschwerden, unser Brotbacken war von Erfolg (!!!).

Am 17.04. weiter, mit Lkw`s, mittags in Monastercyska, Korociatyn bis 3 km vor Halicz.

Am 19.04. Weitermarsch nach Halicz.

Im Bahnhof finden wir unser Firmenschild und gehen zum Meldekopf Pz.Art.Rgt.91.

Werden in ein Dorf 3 km hinter Halicz geschickt. Dort Quartier bis zum 21.04.1944.

Am 19. April erster Verpflegungsempfang seit dem 20. März.

Urlaub!

Abfahrt Bahnhof H. am 21.04. um 22.00 Uhr nach Lemberg, am 22.04. morgens 05.00 Uhr, 08.00 Uhr in Przemysel - Entlausung - Abfahrt mit SF nach Krakau am 23.04. nachts 01.06 Uhr. Ankunft dort am 23.04. morgens 08.00 Uhr. Ab K. 09.45 Uhr, Ankunft in Kattowitz 11.30 Uhr. Ankunft in Dresden 20.30 Uhr. Abfahrt nach Leipzig um 21.18 Uhr, Ankunft dort um 23.00 Uhr. Nach Stendal, dort um 03.00 Uhr. Hannover 24.04. um 05.30 Uhr.

Minden, Löhne, Osnabrück, Münster. In Oberhausen um 13.00 Uhr.

Komme ganz überraschend zu Hause an, nachdem ich mehr als 8 Wochen nicht schreiben konnte.

"Ende der großen Schlacht im Osten".

Urlaubsende am 16. Mai 1944.

Erhalte Telegramm und fahre nach Güstow am 17.05. Ankunft dort 23.30 Uhr.

Am 19.05. Abfahrt ab Güstow 10.00 Uhr morgens.

Ankunft in Aalborg morgens 06.00 Uhr. Oberwachtmeister Fischer holt uns zurück nach Tondern. Abfahrt dorthin um 08.45 Uhr. Ankunft abends 21.30 Uhr. Quartier in Tondern, Deutsche Schule.

Abfahrt von Tondern 14.00 Uhr nach Norden, am 30.05.1944.

Ankunft in Skörping bei Aalborg um 09.00 Uhr morgens.

25 km-Marsch nach Sonderup. Quartier Schule I.

14. Juni Karabiner Schießen: 100 m liegend aufgelegt 3 Schuss 34 Ringe.

15. Juni Karabiner Schießen: 1000 m liegend aufgelegt 3 Schuss 30 Ringe.

18. Juni mittags nach Hornum zum Funklehrgang.

30.06. Hörprüfung - 70/1 Fehler

Gebeprüfung - 65

04.07. Entschlüsseln 175-13 Minuten.

07.07. Hören - 80/4   Verschlüsseln - 7 (100)

geben - 80/5   Entschlüsseln 10 (100)

14.07. Hören - 90   Verschlüsseln - 6 (100)

Geben - 85/3   Entschlüsseln - 7 (100)

15.07. Verschlüsseln - 4 (100)

Entschlüsseln - 3 (100)

Am 22.07. Ende des Funklehrgangs.

Werde von der Einheit direkt zum nächsten Lehrgang geschickt.

Auf nach Rebild - Unteroffiziers-Lehrgang.

Quartier in der Jugendherberge.

Lack   Lack   Lack   Lack   Lack   Lack

Am 06.08. kleiner Abschiedsabend von der "Hölle Rebild".

Lehrgang unterbrochen, zurück nach Sonderup.

O herrliche Zeit in Dänemark!

Am 10.08. um 17.00 Uhr Abfahrt von Aars (10 km westl. Sonderup).

11.08. um 22.00 Uhr Grenze, Flensburg.

12.08. Berlin, kurzer Aufenthalt.

13.08. Morgens 08.00 Uhr Lissa.

14.08. Nachts 02.00 Uhr in Schieratz bei Litzmannstadt. Quartier in Schule Dorf Isabelow bei Freihaus.

15.08. Der Kampf geht weiter!

Auf zum Lehrgang nach Freihaus. Wir bauen Zelte und schlafen im Freien.

26.08. Ende des Lehrgangs.

Himmlischer Abschlussabend mit Bierzeitung. Ich werde zum Uffz.-Anwärter ernannt.

27.08. Versetzt zur 8. Batterie,

Feldpostnummer 59 339 C (*Stab III. Abteilung und Einheit Panzer-Artillerie-Regiment 91*)

Hauptwachtmeister Miele mein Rekrutenspieß.

28.08. Umzug nach Ochraniew.

05.09. Einpacken!

06.09. 19.00 Uhr Abfahrt von Schieratz.

07.09. Thorn, Leipzig, Sichelberg, 13.00 Uhr Nasielsk.
Ausladen! 19.00 Uhr.

08.09. Gehen in Stellung.

13.09. Um 08.00 Uhr nach Verladen Abfahrt in Richtung
Warschau.

Einsatz in Warschau.

27.09. Warschau frei von Banden.

04.10. Einsatz zur Zerschlagung des Narew-
Brückenkopfes.

Wir greifen an! Brückenkopf wird bis auf engstem Raum
zusammengedrückt.

Der Feind täuscht uns durch Abziehen von Truppen nach
Norden.

13.10. Per Achse nach Norden: Nasielsk, Stregozin,
Przedowo, Golymin, Kozlowo (Endstation).

Der Russe macht Gegenstoß am Narew-Brückenkopf und stellt alte Lage wieder her.

Am 15.10. zurück zum Narew-Brückenkopf.

Sonntag, den 22.10. als VB-Funker in der HKL vor Serok.

23.10. VB.

24.10. VB., Feind greift an. Im Trommelfeuer vor Serok. Entkomme mit knapper Not.

25.10. Mit 30 Watt zur B.-Stelle. Starke feindliche Luftangriffe.

Wir schießen mit erbeuteter Panzerbüchse auf feindliche Flieger.

26.10. Starke Luftangriffe des Feindes mit amerikanischen Großflugzeugen.

27.10. Endlich Ablösung. Zurück zum Tross.

Abfahrt von Nasielsk am 28.10. nach Verladen. Sichelberg, Thorn, Hohensalza, Freihaus, Litzmannstadt,

29.10. nach Bartocyn (14 km von Radom).

30.10. "Ruhe".

31.10. Morgens Abfahrt 4.00 Uhr. In Stellung. Duca Wola. Bunkerbau.

28.11. Abschied von Duca Wola.

29.11. Feuerstellung in Stromiec.

13.12. Werde von Oberleutnant Tilse mit 5 Tagen geschärften Arrest bestraft, "weil er als Wachhabender das Wachlokal verlassen hat und dadurch eine Postenkontrolle versäumt hat."

14. - 18.12. Fünf Tage Arrest auf der Baustelle, Beob.- Stelle vor der Feuerstellung abgearbeitet.

19.12. Weihnachtsfeier in der Batterie wird wegen Vermutung eines Angriffs des Feindes Vorverlegt.

Am 25.12. fahre ich zur B.-Stelle als Ablösung. B.-Stelle ist 3 km südwestlich Budi-Augustowo.

28.12. Erhalte Telegramm: Totaler Bombenschaden C, alles gesund, Kommen erwünscht, Mutter.

29.12. Urlaubsgesuch an Batterie. Erster Schnee.

30.12. Mein Gesuch wird zurückgehalten bis 03.01.1945, bis Obergefreiter D. zurück ist.

31.12. ----blau wie die Nacht. Angriff auf Oberhausen.

1945

12.01.1945 Urlaub, Sonderurlaub Bombenschaden C genehmigt. Soll am 14.01. zur Feuerstellung zurückkommen.

14.01.1945 Beginn der russ. Winteroffensive am Mittelabschnitt der Ostfront. Zwischenstelle, südlich Warka, Weichselbrückenkopf bei Augustow.

Beginn des Trommelfeuers morgens 06.30 Uhr. Dauer 2 ½ Stunden. Blindgänger vor Binkereingang.

08.45 Uhr stehen Russen 150 m vor der Zwischenstelle, wegen starken Nebels von uns nicht beobachtet. Ich werde vom Funk-Steyr überfahren. Rechter Fuß ausgekugelt, sonst nur Prellungen.

Wagen bekommt Treffer, Volltreffer durch T 34. Fahrer Gefr. Gramisch tot.

Zurück zur Feuerstellung.

14.01. Verlassen Stromiec.

15.01. Verlassen Stromiec - West.

15. - 16.01. Verlassen Wysmiercyze. Feindlicher Panzerangriff und Flieger um Mitternacht.

Das ist ein schwerer Schlag für die 25.Pz.-Div.

Entrinnen der Einkesselung morgens gegen 07.00 Uhr.

Kampfstaffel mit 3 Geschützen eingeschlossen. Wie mag ihr Schicksal sein?

16.01. Um 10.30 Uhr Godzimierz, Fliegerangriff. Abends Rawa. Panzer!

17.01. Morgens früh nach Litzmannstadt. Durchfahrt dort abends 21.00 - 22.00 Uhr. Wieder nach Pabianice. 24.00 Uhr Quartier bei Zahnarzt Dr. Haltern.

18.01. Um 06.00 Uhr nach Lask, abends 09.00 Uhr dort.

19.01. Um 24.00 Uhr Freihaus.

Ochaniew 01.30 Uhr. Quartier Kindergarten. Chef vom Urlaub zurück. Am nächsten Morgen weiter nach Warta. 16.00 Uhr dort. 5 km weiter. Quartier im Gutshof.

20.01. Um 10.00 Uhr weiter nach Kalisch, 24.00 Uhr dort.

21.01. nach Ostrowo. 07.00 Uhr dort. 11.30 Uhr Dieterslinde. Schminkow 12.30 Uhr. Sammeln!

22.01. nach Krotoschin. Wiegenfeld Quartier 13.00 Uhr.

23.01. Dienstag 09.00 Uhr weiter in Richtung Lissa. Geyersdorf. Quartier kath. Schule. 5 km vor Fraustadt.

24.01. Um 21.30 Uhr weiter.

25.01. Um 13.00 Uhr über die Oder bei Neusalz. Freystadt. 19.00 Uhr Quartier Brunzelwaldau, 10 km westl. Freystadt.

27.01. Abfahrt 14.00 Uhr nach Sommerfeld, Pförten, Forst: Sammelpunkt der Div.

28.01. Nachts 03.00 Uhr Weissack bei Forst, Niederschlesien. Quartier bei Familie Richter.

Ende der großen Reise. 640 km.

29.01. Erste Nachricht nach Hause.

03.02. Abends 22.30 Uhr Abfahrt von Weissack mit Funk-Volkswagen.

Ende der fettigen Zeit bei Familie Richter.

04.02. Sonntag 05.30 Uhr wenige km vor Krossen. Weg von dort um 11.30 Uhr. Um 15.00 Uhr in Brunzelwaldau. Wir bleiben: Muni und Sprit fehlt.

09.02. Taschenuhr von Einheit.

10.02. Morgens 06.00 Uhr zurück. Naumburg, Christianstadt, Sommerfeld. Quartier Hindenburgschule.

11.02. Mittags in Feuerstellung Benau, 10 km vom Bober. 14.00 Uhr Rückfahrt mit Volkswagen wegen defektem Funk-Gerät. Bleiben in Sommerfeld.

13.02. Mittags mit Essenwagen zur F.-Stelle Benau. Russ. Panzervorstoß nach Sommerfeld. Ziehen uns zurück über Witzen, Gutschau nach Norden bis kurz vor Leuthen. F.-St.

14.02. Eig. Gegenstoß. Billendorf, Witzen, Gutschau genommen. F.-St. nördl. Billendorf. Eig. Panzer- und Schlachtfliegereinsatz. Feind eingeschlossen.

Am 13.02. zum ersten Mal wieder Post.

19.02. Abends über Raudenberg, Sommerfeld. Kurz hinter der Stadt. F.-St. am Waldrand.

20.02. Um 19.30 Uhr weg von dort. Durchbruch 5 km südlich Guben, über die Neisse bei Kaltenborn.

21.02. Morgens weiter nach Peitz. Abfahrt dort abends 22.00 Uhr.

Eine Nacht in Cottbus.

22.02. Zurück, Peitz ... 5 km südwestl. Guben. F.-St. gegen den fdl. Brückenkopf über die Neisse. Atterwasch - gutes Quartier.

24.02. Fdl. Brückenkopf bei Guben zerschlagen.

04.03. Guben bereinigt.

06.03. Abfahrt 03.00 Uhr von Atterwasch nach Lieberose, verladen - dort an 13.00 Uhr. 15.05 Uhr Peitz. Willmersdorf, Cottbus, am 07.03. morgens Berlin. Oranienburg, 15.00 Uhr Fürstenberg, vor Stettin ausgeladen. Feuerstellung südöstlich Stettin am 08.03. morgens bei Altdamm. Bleibe bei einem nahen schw. Granatwerfereinschlag unversehrt.

09./10.03. Stellungswechsel südlicher, 2 - 3 km bis zur Oder. Klütz.

11.03. Starke fdl. Fliegerangriffe mit schw. amerikanischen Maschinen.

15.03. Um 06.00 Uhr Trommelfeuer bis abends. Stellungswechsel zur Oder-Eisenbahnbrücke.

16.03. Nach Güstow, südwestl. Stettin.

18.03. Als V.B. zum Brückenkopf Stettin. Zum Ortsteil von Podejuch.

Trommelfeuer. Gerät fällt durch Steinschlag aus. Abends durch brennende Trümmer zurück zur Brücke. Glück gehabt! Der Einschließung entgangen.

Abends 22.00 Uhr Division nach Finkenwalde.

19.03. Morgens 04.30 Uhr Division zur Brücke bei Stettin, Elektrizitätswerk. Wieder los als V.B. nach Finkenwalde. Trommelfeuer, HKL am Bahndamm.

20.03. Nachts zurück, um 03.30 Uhr über die Oderbrücke nach Stettin. Zu Fuß weiter nach Reineckendorf, südwestlich Stettin (westl. Güstow).

22.03. Um 03.00 Uhr per Achse - Stettin, Falkenwalde, Pölitz-F.St.

B.St. bei Fähre.

28.03. Zurück zur Protze nach Altlese, morgens südöstl. Falkenwalde.

28. - 29.03. Verladen in Stettin. Abfahrt morgens 02.30 Uhr Richtung Berlin. Eberswalde, Röntgental, Berlin-Pankow (11.00 Uhr).

Müncheberg - entladen 29.03. mittags. Per Achse nach Eggersdorf (1 km nördlich).

Am 01.04.1945 Beförderung zum Unteroffizier durch Oblt. Sievers.

01.04. Um 21.00 Uhr Richtung Ost. F.St.-Wald.

04.04. Um 16.30 Uhr verladen in Gusow, ostw. Müncheberg. Abfahrt 19.30 Uhr. Nachts Berlin passiert.

05.04. Um 18.00 Uhr Dresden.

06.04. Um 08.00 Uhr Prag, Fliegeralarm.

Am 03.04. die erste Post von Mutter aus Schleswig-Holstein.

07.04. Von 11.30 Uhr bis 18.00 Uhr Aufenthalt in Iglau.

08.04. Um 11.00 Uhr in Znaim.

09.04. Um 03.00 Uhr entladen in Laa a. d. Thaya. Quartier bei Familie Eggert in Wildendürnbach.

10.04. Um 01.30 Uhr Abfahrt nach Süden per Achse.

Kirchstetten, Neudorf, Knutendorf, Ebernsdorf, Hörersdorf, Asparn, Gardemanns, Ladendorf, Neubau, Kreuzstetten, Hautzendorf - dort warten wegen Benzinmangel. Zurück nach Neubau, rechts ab nach Gaweinstal, Knollnbrunn, Bad Pyrarward, Gross Schweinbarth. F.St.

12.04. Um 00.00 Uhr Abmarsch über Pyrarward nach Gaweinstal.

13.04. Um 21.00 Uhr ab Gaweinstal. F.St. südwestl Schritz. Zwischenstelle Volkswagen.

16.04. Feind vor Feuerstellung. Zurück. Neue Feuerstellung nachts auf der Höhe.

18.04. Feuerstellung in Siebenhirten.

19.04. F.St. in Frättingsdorf, 1 Pz. abgeschossen.

Fdl. Stalin-Panzer greifen an.

20.04. Panzer, neue Feuerstellung am Strohschober bei Staatz.

20. - 21.04. Panzer! Neue Feuerstellung am Wald bei Do-Werfern.

21.04. Panzer! Neue Feuerstellung bei Laa.

22.04. Feuerstellung an der Thaya. Ruhe, nur Störungsfeuer.

29.04. Stellungswechsel nördl. 60 km nach Dobrinsko bei Mährich-Krummau.

07.05. Beginn der russ. Endoffensive gegen die 8. Armee. Starke Fliegerangriffe leichter und schwerer Verbände. Starker Bordwaffenbeschuss in Dobrinsko.

08.05. Nachts 02.00 Uhr Stellungswechsel von Dobrinsko, 40 km bis kurz vor Jameritz. Mittags Feindeinbruch, Panzer! Feind vor Feuerstellung. Rückzug nach:

Mährisch-Budwitz, Zlabings, Kautzen, Heidenreichstein, Schrems, Weitra Gr. Pertholz (von der Batterie abgekommen hinter Mährisch-Budwitz). Silberberg, an Gmünd vorbei.

10.05. in Oberhand. Erstes Zusammentreffen mit amerikanischen Truppen.

USA - Kriegsgefangener. Gaueinteilung. Lager ca. 7000 Mann.

Am 09.05. durch Sprengung der Funkgeräte am Kopf verwundet.

Hinter Silberberg U-Kübel Funkwagen Mercedes nachts stehenlassen.

Weiterfahrt mit Volkswagen.

08. - 09.05. Waffenstillstand 00.00 Uhr.

06.06. Um 17.30 Uhr Abmarsch von Lager Oberhaid nach Lager Hohenfurth. 10 km.

08.06. Arbeitskommando nach Oberhausen. Treffe Oberhausener dort.

11.06. Keine besonderen Vorkommnisse.

12.06. Entlassungspapiere werden ausgestellt.

Verbleiben im Lager, weil keine Fahrmöglichkeit.

13.06. Morgens in Rosenberg, anhaltender Regen.

Lager Hohenfurth wird aufgelöst.

14.06. Morgens 10.00 Uhr mit Lkw. Fahrt nach Lager Friedberg, entlang der Moldau. Lager liegt südöstl. des Dorfes Friedberg, ca. 200 m von der Moldau.

16.06. Entlassungspapiere sind fertig. Rund 1000 "Engländer" werden zusammengefasst.

23.06. 80 km-Fahrt mit amerik. Lkw`s nordwestl. zum Arbeitskommando.

24.06. Sonntag, Umzug, neuer Zeltebau.

25.06. Platzregen.

02. - 04.07. Sehr schlechtes Wetter.

08.07. Neue Papiere ausgefüllt. Bekanntwerden der Abreise.

10.07. Dienstag, 16.00 Uhr Antreten mit Gepäck.

Einteilung, Uffz. und Mannschaften. Wagen Nr. 5, Nr. 243.

11.07. Mittwoch, morgens, 09.30 Uhr Abfahrt mit 30 amerikanischen Lkw`s Richtung Pilsen (2 km südlich). 50 Mann mit Gepäck auf 1 Lkw. Knapp 15.30 Uhr Ankunft Stadtrand Pilsen. Höllenfahrt: 6 Std. ca. 200 km. Lager im Freien. Abends bewölkt, Regen.

12.07. Donnerstag: morgens Neueinteilung Waggon 30-40 Mann.

15.07. Sonntag, 11.00 Uhr Abmarsch zum Bahnhof. 12.00 Uhr alles verladen, ca. 4000 Mann. 17.00 Uhr Grenze. 21.00 Uhr Cham, Bayreuth,

16.07. um 05.00 Uhr Neumarkt / Würzburg, Kulmbach, Lichtenfels, nördlich Bamberg vorbei. 12.30 Uhr Schweinfurth. 16.00 Uhr in Würzburg. Weiterfahrt 18.30 Uhr. Karlstadt, Gemünden, Lohr, 22.00 Uhr Aschaffenburg. 23.30 Uhr in Hanau bei Frankfurt a. Main.

17.07. Dienstag Weiterfahrt ab Hanau um 12.45 Uhr, Bad Nauheim, Giessen 19.00 Uhr, Marburg.

18.07. Mittwoch 05.30 Uhr Treysa, 60 km vor Kassel.

13.00 - 15.30 Uhr Kassel, Troheim, Liebenau, 17.30 Uhr Warburg, Buke (Konservendiebstahl), 21.00 Uhr nachts Bielefeld.

19.07. Donnerstag, 05.00 Uhr Wuntstorf bei Hannover, ausladen.

07.00 Uhr Abmarsch ins Lager, 3 km mit Gepäck. Abteilung in

Reg.-Bez., neue Formulare ausfüllen.

20.07. Morgens 10.00 Uhr Entlassung aus der "Deutschen Wehrmacht".

Ich bin wieder Zivilist.

21.07. Samstag morgens 11.00 - 12.00 Uhr Gepäckmarsch 4 km vom "Transitlager" zum Bahnhof Wuntstorf. 13.30 Uhr verladen. Abfahrt 14.00 Uhr. 15.00 Uhr Hannover, Lehrte, Celle, 18.00 Uhr Ülzen, 20.00 Uhr Lüneburg, Winsen, Hamburg-Harburg 22.00 Uhr. Begeisterter Empfang. 23.30 Uhr Transport fährt weiter. Ich springe aus dem Zug und bleibe in Hamburg-Langenfeld.

Übernacht in einem zerstörten Personenwagen.

22.07. Sonntag 06.00 Uhr Abmarsch vom Bahnhof Langenfeld. 07.00 Uhr Efeuweg bei Tante Änne, Winterhude, Lattenkamp, Hamburg Nordwest. Freudige Überraschung. 12.00 Uhr nach Hamburg-Altona.

Zuggenehmigung nach Glückstadt. Abfahrt am Montag, den 23.07. morgens 05.50 Uhr. Ankunft in Glückstadt um 08.10 Uhr. Weiterfahrt um 14.30 Uhr nach Itzehoe. Wilster 16.00 Uhr, Vaale Ankunft 16.15 Uhr.

"Zu Hause" am 23.07. um 17.15 Uhr.

Zusammenkunft mit Mutter und Ursel abends 18.30 / 19.15 Uhr.

Ende der Gefangenschaft.

Wie schwer war doch an jedem Tage,

der Hunger unsere größte Plage!

CONTROL FORM D.2

CERTIFICATE OF DISCHARGE
Entlassungschein

ALL ENTRIES WILL BE MADE IN BLOCK LATIN CAPITALS AND WILL BE MADE IN INK OR TYPE-SCRIPT.	**I** **PERSONAL PARTICULARS** Personalbeschreibung	Dieses Blatt muss in folgender weise ausgefüllt werden: 1. In lateinischer Druckschrift und in grossen Buchstaben 2. Mit Tinte oder mit Schreibmaschine.

SURNAME OF HOLDER   Eggert
Familienname des Inhabers

CHRISTIAN NAMES   Günter
Vornamen des Inhabers

CIVIL OCCUPATION   Bauzeichner
Beruf oder Beschäftigung

HOME ADDRESS Strasse   Martin-Luther-40
Heimatanschrift   Ort   Oberhausen
                   Kreis   Oberhausen
                   Regierungsbezirk/Land
                   Düsseldorf

DATE OF BIRTH 11.6.1924
Geburtsdatum (DAY/MONTH/YEAR)
— Tag/Monat/Jahr)

PLACE OF BIRTH   Oberhausen
Geburtsort

FAMILY STATUS — SINGLE   † Ledig
Familienstand   MARRIED   Verheiratet
                 WIDOW(ER)   Verwitwet
                 DIVORCED   Geschieden

NUMBER OF CHILDREN WHO ARE MINORS
Zahl der minderjährigen Kinder   —

I HEREBY CERTIFY THAT TO THE BEST OF MY KNOWLEDGE AND BELIEF THE PARTICULARS GIVEN ABOVE ARE TRUE.
I ALSO CERTIFY THAT I HAVE READ AND UNDERSTOOD THE " INSTRUCTIONS TO PERSONNEL ON DISCHARGE " (CONTROL FORM D.1).
SIGNATURE OF HOLDER
Unterschrift des Inhabers

Ich erkläre hiermit, nach bestem Wissen und Gewissen, dass die obigen Angaben wahr sind. Ich bestätige ausserdem dass ich die " Anweisung für Soldaten und Angehörige Militär-ännlicher Organisationen " u.s.w. (Kontrollblatt D.1) gelesen und verstanden habe.

Günther Eggert

II
MEDICAL CERTIFICATE
Ärztlicher Befund

DISTINGUISHING MARKS   Narbe über dem 11. Handgelenk.
Besondere Kennzeichen

DISABILITY, WITH DESCRIPTION   o.B.
Dienstunfähigkeit, mit Beschreibung   fit for labour.

MEDICAL CATEGORY
Tauglichkeitsgrad

I CERTIFY THAT TO THE BEST OF MY KNOWLEDGE AND BELIEF THE ABOVE PARTICULARS RELATING TO THE HOLDER ARE TRUE AND THAT HE IS NOT VERMINOUS OR SUFFERING FROM ANY INFECTIOUS OR CONTAGIOUS DISEASE.

Ich erkläre hiermit, nach bestem Wissen und Gewissen, dass die obigen Angaben wahr sind, dass der Inhaber ungeziefferfrei ist und dass er keinerlei ansteckende oder übertragbar Krankheit hat.

SIGNATURE OF MEDICAL OFFICER
Unterschrift des Sanitätsoffiziers

NAME AND RANK OF MEDICAL OFFICER
IN BLOCK LATIN CAPITALS   Dr. med.O.G.Pickers, Arzt.
Zuname/Vorname/Dienstgrad des Sanitätsoffiziers
(In lateinischer Druckschrift und in grossen Buchstaben)

P.T.O.
Bitte wenden

† DELETE THAT WHICH IS INAPPLICABLE
Nichtzutreffendes durchstreichen

PSS 2242 5.45 2000m

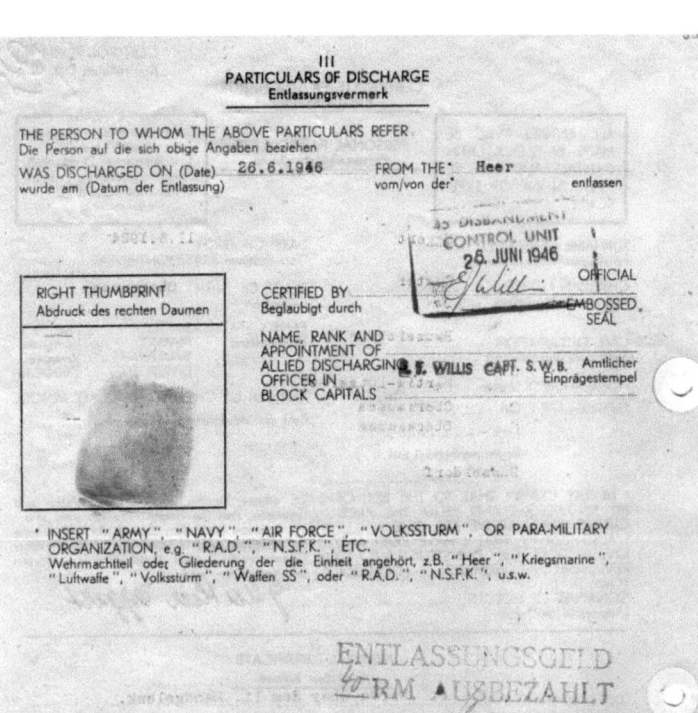

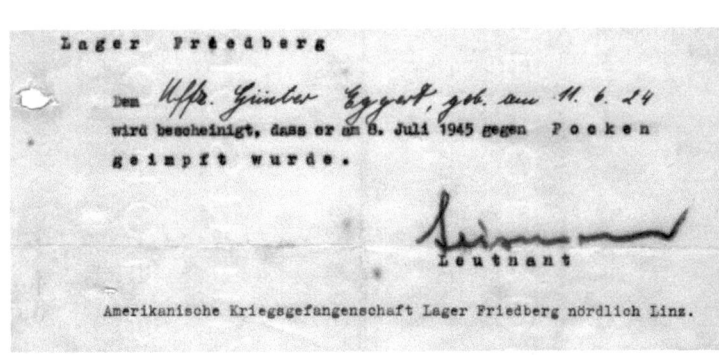

Lager Friedberg

Dem Uffz. Günter Eggert, geb. am 11.6.24
wird bescheinigt, dass er am 8. Juli 1945 gegen P o c k e n
g e i m p f t   w u r d e.

Leutnant

Amerikanische Kriegsgefangenschaft Lager Friedberg nördlich Linz.

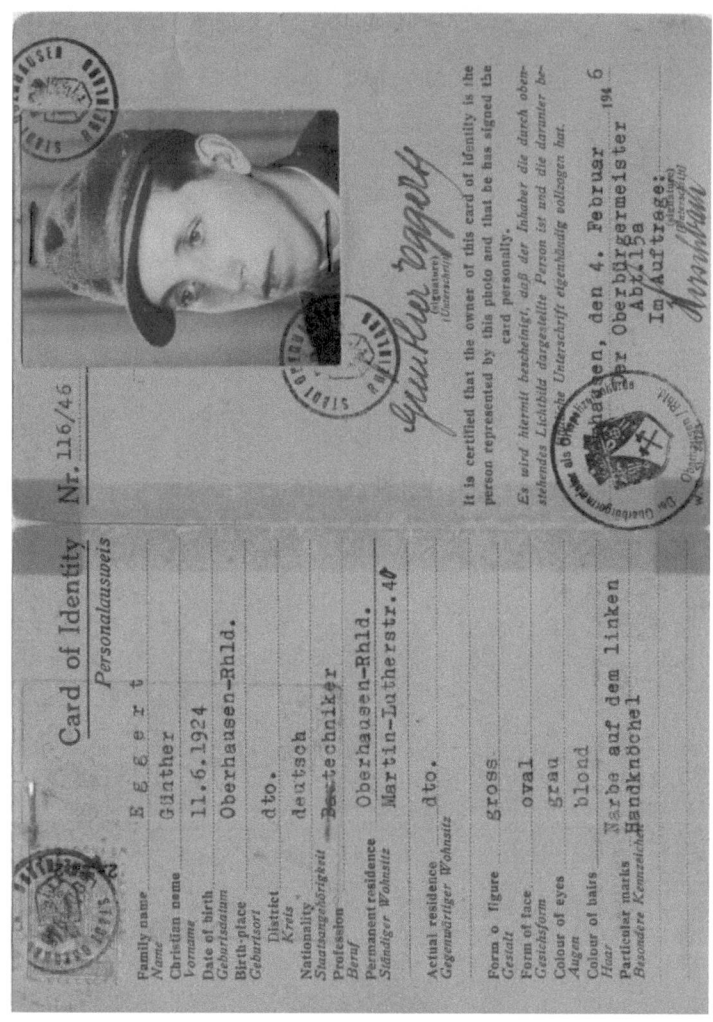

Card of Identity
Personalausweis

Nr. 116/46

Family name / *Name*	E g g e r t
Christian name / *Vorname*	Günther
Date of birth / *Geburtsdatum*	11.6.1924
Birth-place / *Geburtsort*	Oberhausen-Rhld.
District / *Kreis*	dto.
Nationality / *Staatsangehörigkeit*	deutsch
Profession / *Beruf*	Betechniker
Permanent residence / *Ständiger Wohnsitz*	Oberhausen-Rhld. Martin-Lutherstr. 40
Actual residence / *Gegenwärtiger Wohnsitz*	dto.
Form o figure / *Gestalt*	gross
Form of face / *Gesichtsform*	oval
Colour of eyes / *Augen*	grau
Colour of hairs / *Haar*	blond
Particular marks / *Besondere Kennzeichen*	Narbe auf dem linken Handknöchel

Güntier Eggert
(signature)
(Unterschrift)

It is certified that the owner of this card of identity is the
person represented by this photo and that he has signed the
card personally.

*Es wird hiermit bescheinigt, daß der Inhaber die durch oben-
stehendes Lichtbild dargestellte Person ist und die darunter befindliche Unterschrift eigenhändig vollzogen hat.*

...hausen, den 4. Februar 1946

Der Oberbürgermeister
Abt.15a
Im Auftrage:

(Signatur)
(Unterschrift)

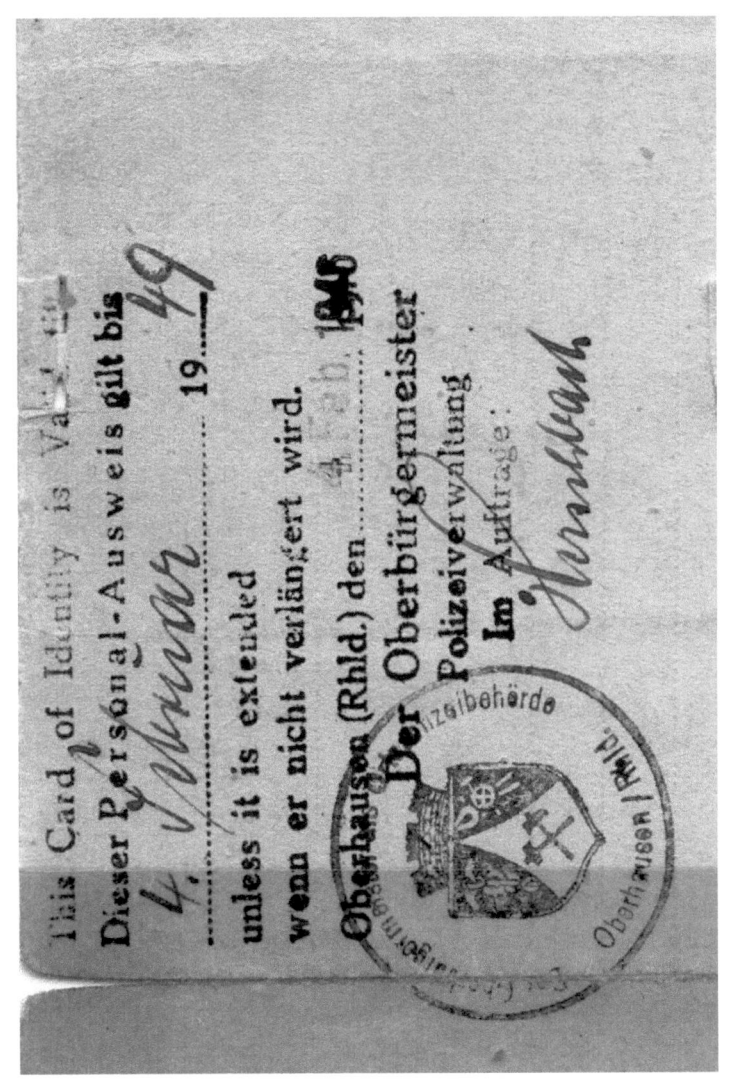

Bericht Heinz Gramusch

Januar 1945 - Ostfront - Beginn der russischen
Winteroffensive im Mittelabschnitt

"Warka"- Brückenkopf im Dreieck zwischen Weichsel
und Pilica

Als Angehöriger der 25.Pz.-Div., Pz.Art.Rgt. 91 wurde ich
am 27. August 1944 zur 8. Batterie (Feldpostnummer 59
339 C) versetzt.

Batterie-Chef: -

Spieß: Hauptwachtmeister Miele

Soest, den 16. Januar 1994 - Hier mein Bericht aus der
Erinnerung nach 50 Jahren geschildert:

Wir, d.h. der Kraftfahrer Heinz Gramusch, 2 Funker und
ich fahren am 25.12.1944 mit dem Fu.-Kfz. 15, ein 1,5t
Kfz. "Steyr" mit Allradantrieb und luftgekühltem Motor,
zur vorgeschobenen Beobachtungsstelle.

Dort befindet sich auf einer Lichtung innerhalb einer
kleinen Tannenschonung ein Erdbunker mit einer Decke

aus Baumstämmen und Erdschüttung. Zu diesem kleinen Raum, etwa gut 1 m unter der Oberfläche, führten einige provisorische Stufen und mit einer "Tür" erreichte man eine Fläche von etwa 2 x 4 m, ausgestattet mit 4 "Liegen", 1 "Ofen" und Ablageflächen. Es gab auch so etwas wie ein "Fenster".

In etwa 150 m Entfernung gab es die Ruine eines ehemaligen "Hauses" oder einer Hütte, dazwischen war ein Weg und ein kleiner Waldstreifen mit kahlen Baumstämmen.

Wir haben dann sofort unser Fahrzeug zum Schutz gegen Beschuss über eine Rampe führend etwa bis zum oberen Bordrand eingegraben, sodass der Motor und der untere Teil des Fahrzeuges völlig geschützt waren. Das unmittelbare Umfeld tarnten wir mit Zweigen und "Laub", soweit dies in dieser Jahreszeit vorhanden war.

Um vor plötzlichen Überraschungen in diesem Niemandsland etwas gesichert zu sein (vor allen Dingen nachts) konstruierten wir eine "Alarmanlage": in einem Kreis um den Bunker herum schlugen wir kleine Pfosten, etwa 30 cm über d. Boden in die Erde, führten dann durch die Ösen von Krampen, welche wir oben in die Köpfe der Pfosten schlugen, ein Stück von unserem Fernsprechkabel in einem Kreis nahe der Bunkertreppe beginnend, um unser "Heim" herumgeführt mit dem anderen Ende zurück an die "Eingangstreppe". Während nun das eine Ende am ersten Pfosten festgezurrt wurde, endete das andere Ende mit einem Stück Überstand und einem Federzug am letzten Pfosten frei und beweglich.

An dieses freie Ende hängten wir leere Blechdosen und andere Gefäße die wir uns im Umfeld zusammensuchten (Ruine).

Gleich in der ersten Nacht gab es "Alarm" und wir stürzten mit den Waffen und in völliger Dunkelheit ins Freie - allerdings ohne einen bösen Feind bemerken zu können. Bei Tagesanbruch konnten wir dann feststellen, dass ein Hase unseren Stolperdraht berührt hatte und damit das gewollte Signal gab.

Wir standen mit unserem vorgeschobenen Beobachter in etwa 1 km Entfernung bei der Infanterie und auch in einem winzig kleinen Erdbunker untergebracht und natürlich mit unserer Feuerstellung in etwa 8-10 km Entfernung in einem ständigen, nach Zeitplan verabredeten Funkkontakt.

Über diesen Funkkontakt wurde von VB über uns zur Feuerstellung die Geschütze unserer und der anderen Batterien auf ein Sperrfeuer eingeschossen, meines Wissens trug dieses Sperrfeuer den Namen "Maria".

In den ersten Januartagen 1945 habe ich, vermutlich zur Versorgung unseres VB, einen Marsch dorthin durch von unseren Einheiten gelegte Minengürtel gewagt.

Beim vorgeschobenen Beobachter traf ich Oberwachtmeister Axel Holz (*Anmerkung: siehe 14.01.1945*) und Heinz Genes, meine Gesprächspartner vor Ort in der Hauptkampflinie bei der Infanterie. Wir konnten auch diese winzig kleine, aber etwas geschützte "Unterkunft" besichtigen, allerdings nur von außen, da dort max. 2 Personen Platz fanden.

Wenige Tage vor Beginn der russ. Winteroffensive gesellten sich zu dem sonst üblichen und normalen Störfeuer die Geräusche des Aufmarsches von Panzern, Geschützen usw., sodass man den Beginn der Kampfhandlungen fast erahnen konnte.

Meine Anfrage bei der Einheit, den bewilligten Urlaub antreten zu dürfen, wurde abgelehnt.

Am 13.01.1945, also 1 Tag vor Beginn der Aktionen, haben wir uns auf das Vorhersehbare vorbereitet. Das Fahrzeug wurde überprüft und startklar gemacht, unser Gepäck für den Ernstfall im Wagen verstaut und eine Schneise durch den Wald für einen eventuell notwendigen Rückweg gesucht. Diese letzte Aktion war besonders an unseren so sehr ruhigen, fast gleichgültigen Kraftfahrer gerichtet: alles ist klar!

Am 14.01.1945, um 06.30 Uhr begann das russische Trommelfeuer und dauerte 2 ½ Stunden lang. Wir haben in diesem Dauerbeschuss mit unserem 30-Watt-Sender die Verbindung zu unseren Gegenstellen VB und Feuerstellung gehalten und alle ankommenden Feuerkommandos übermittelt. Da nur noch Klartext gesprochen werden brauchte, erinnere ich mich an das Kommando: Sperrfeuer "Maria" - 3 Kampfsätze, mehrfach weitergegeben zu haben. Die Bestätigung der jeweiligen Vollzugmeldung kam so prompt, dass ich Munitionsmangel vermuten konnte.

Vor dem Ende dieses Bombardements schlug eine Granate des Feindes direkt an der Treppe unseres Bunkereinganges ein, detonierte jedoch nicht.

Nach etwa mehr als 2 Stunden kam von unserem VB (Leutnant Panitz) der letzte Funkspruch:

„wir müssen weg - der Iwan kommt und überrennt uns…"

Es herrschten an diesem Morgen schlechte Sichtverhältnisse durch Nebel, verstärkt durch Pulverdampf und Granateinschläge, sodass wir erst durch nah bei uns einschlagende Gewehrkugeln die Nähe des Feindes erkennen konnten.

Mit meinem letzten Kommando: Feuer auf eigenen Standort, begannen wir mit unserem Rückzug. Mit dem

Ruf an Gramusch: starte den Wagen - aber fahre beim Zurücksetzen nicht über den Blindgänger, begann unser Fiasko: der Wagen sprang bei dieser winterlichen Kälte einfach nicht an...

Während die beiden Funker in der Deckung warteten, habe ich die Motorhaube aufgerissen, den Luftfilter heruntergenommen und unseren Rest Flugbenzin in den Vergaser gegossen. Der Motor sprang an, heulte auf und während ich vorne "aufräumte" und seitlich am Wagen vorbeikroch fuhr Heinz G. mit Rückwärtsgang los, riss mich um, fuhr über mein linkes Bein, über den Blindgänger und startete vorwärts so schnell, dass wir nicht einsteigen konnten.

Ich lief hinter dem Wagen her und sprang während der Fahrt auf die Hintersitze und sah, dass Heinz wohl in der Hektik des Augenblicks und vor lauter Aufregung, zum Russen hinüberfuhr. Bei dieser wilden Fahrt habe ich ihn mehrmals angeschrien nach links abzubiegen - er hörte mich nicht. Dann traf uns ein vor uns auftauchender T 34 frontal ins Fahrzeug und zerfetzte vor mir alles.

Die winterliche Holzverkleidung um unsere Funkanlage zwischen den Vorder- und Rücksitzen, boten mir in diesem Augenblick Schutz, zersplitterten aber in tausend Stücke und drangen mir in Gesicht und Kopfhaut. Durch die Wucht der Detonation wurde ich aus dem Wagen geschleudert und war einen Augenblick geblendet.

Ich habe noch mehrmals nach Heinz gerufen und bin dann schnell zum Bunker gekrochen, um die anderen Kameraden abzuholen. Doch diese Beiden waren bereits zu Fuß aufgebrochen und während ich mich ein wenig "ordnete" und meine vorher verlorengegangene Kopfbedeckung aufnahm, sah ich die Russen vor mir in der Ruine und seitlich daneben ankommen. In dieser Situation konnte ich nur noch versuchen zu entkommen, bin also trotz meiner miesen Verfassung in Richtung Feuerstellung gerannt und wurde nach einigen km atemlos von unserem Kommandeur angehalten und angesprochen. Ich konnte Ihm dann von unseren Ausfällen berichten und wurde von ihm zur Feuerstellung zurückgeschickt. Dort kam ich als "Erster" an und wurde behandelt. Unsere beiden anderen Funker kamen ein wenig später an und berichteten von ihrer eigenen Hetzjagd und dass sie auch zuerst den Russen in die Arme gelaufen waren und dann schnell kehrtmachen konnten. Der Russe hatte uns wohl seitlich, also im Norden in der Piliza, überholt.

Die Funker des VB, Horst Krummrich und Heinz Genes, die es auch schaffen konnten heil zurückzukommen, berichteten später: Als der Russe kam und wir türmen mussten, hat Oberwachtmeister Axel Holz mehrmals den Anlauf zum Sprung aus der Sicherheit der bunkerähnlichen Umgebung genommen und wurde dann beim wirklichen Fluchtsprung sofort und tödlich getroffen…

Anmerkung: Möglicherweise irrt hier der Zeitzeuge bezüglich des Vornamens. Der Volksbund listet mit dem Gefallenendatum 14.01.1945 einen Otto Holz, Oberwachtmeister, geb. 06.08.1913 in Düsseldorf. Er fiel in Augustow/Warka-Brückenkopf.

Bei diesem Einsatz wurde unsere Einheit zum großen Teil aufgerieben und viele unserer Kameraden gerieten in Gefangenschaft. Ihr Schicksal ist bis heute ungewiss.

Quellen

- **Privatarchiv Uwe Kleinert:**
- Konvolut Erlebnisberichte und Dokumente Günther Eggert und Heinz Gramusch

- **Staatliche Archive**
- diverse NARA T78 Signaturen

- **Literatur:**
- Stoves, Rolf – Die 22., 25., 27. Panzer-Division und die 233. Reserve-Panzer-Division (Podzun-Pallas, 1985)

Hinweis „Heeresartillerie" Buchreihe

BÄNDE 1- 5
Gesamtübersicht
5 Bände mit 3041 Seiten

BAND 6
Fotoband 1 - s.Art.Abt.
(mot.) 511, 625 und 740

BAND 7
Fotoband 2 - s.Art.Abt.
(mot.) I./84 und II./84

BAND 8
Chronik Heeres-Küsten-
Artillerie-Abteilung 144

BAND 9
Chronik schwere Artillerie-
Abt. (mot.) 841 und 850

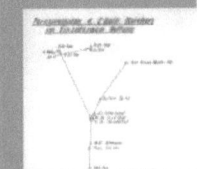

BAND 10
Eisenbahn-Bttr. Borchers
Anzio-Nettuno-Front 1944

BAND 11
Artilleristische
Wettereinheiten

BAND 12
Zusatzeinheiten der Artillerie, Infanterie, Pioniere

BAND 13 A UND B
Kriegskarten- und
Vermessungseinheiten

BAND 14
s.Art.Abt. (mot.) II./93 im
Verband der 4. Pz.Div.

BAND 15
Heeres-Küsten-Artillerie-
Abt. 901-914

BAND 16
Organisationsgeschichte-
Heeres-Küsten-Artillerie

BAND 17
Organisationsgeschichte
der Heeres-Flak-Artillerie

BAND 18
Materialsammlung 2.
Inf.Div. (mot.) bis 1940

BAND 19
Materialsammlung 10.
Inf.Div. (mot.) bis 1940

BAND 20
Materialsammlung
213. Inf./Sich.Div.

RÜCKSCHAU 1
2 Spandauer im II.
Weltkrieg

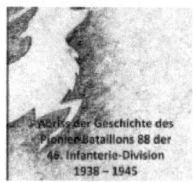

RÜCKSCHAU 2
Pionier-Bataillon 88

Autor: Uwe Kleinert

Kontakt: heeresartillerie@t-online.de

http://balsi.de/heeresartillerie/